Jan 14/20

Texte de Jasmine Dubé
Illustrations de Mathi-

La petite Irène
de cœur

la courte échelle

Les éditions de la courte échelle inc.
160, rue Saint-Viateur Est, bureau 404
Montréal (Québec) H2T 1A8
www.courteechelle.com

Révision : Leïla Turki

Conception graphique : Kuizin Studio

Dépôt légal, 1er trimestre 2012
Bibliothèque nationale du Québec

La courte échelle reconnaît l'aide financière du gouvernement du Canada par l'entremise du Fonds du livre du Canada pour ses activités d'édition. La courte échelle est aussi inscrite au programme de subvention globale du Conseil des Arts du Canada et reçoit l'appui du gouvernement du Québec par l'intermédiaire de la SODEC.

La courte échelle bénéficie également du Programme de crédit d'impôt pour l'édition de livres — Gestion SODEC — du gouvernement du Québec.

Catalogage avant publication de Bibliothèque et Archives nationales du Québec et Bibliothèque et Archives Canada

Dubé, Jasmine

    La petite Irène de cœur

    (Collection Première lecture ; 35)
    Troisième roman de la série Une aventure d'Irène.
    Pour enfants de 6 ans et plus.

    ISBN 978-2-89651-471-7

    I. Benoit, Mathieu. II. Dubé, Jasmine. Aventure d'Irène. III. Titre. IV. Collection : Collection Première lecture ; 35.

PS8557.U224P474 2012   jC843'.54   C2011-941323-X
PS9557.U224P474 2012

Imprimé en Chine

À la petite Axelle Delorme
et à Victor et Édouard, nos
petits cœurs de ginkgo.

À la découverte des personnages

Irène

C'est la reine du vélo. Irène habite rue du Nord avec son père. Elle adore son papa. Beau temps, mauvais temps, Irène pédale. Pour elle, le vélo est la plus belle invention du monde.

Le père d'Irène

C'est le roi des papas. Il vit rue du Nord avec sa fille, Irène, qu'il adore. Il aime lire, discuter et se promener en vélo avec Irène. Pour lui, sa fille est le plus beau trésor du monde.

À la découverte de l'histoire

Chapitre 1
Le cœur brisé

Je m'appelle Irène. J'habite
la rue du Nord avec mon père.

Aujourd'hui, c'est le quatorze
février. C'est la Saint-Valentin.
Il neige et il fait froid. Je n'ai pas
le cœur à rire.

J'ai hâte que l'été revienne. Je pourrai sortir mon vélo. Mon cher petit vélo d'amour!

Chapitre 2
Cœur qui soupire...

Mon père prépare mon déjeuner préféré. Je dessine un cœur avec deux roues dans mon assiette.

Papa me trouve bien songeuse.

Il me demande :

— As-tu un amoureux, Irène ?

— Non, non. Je m'ennuie de mon vélo.

Chapitre 3
Un cœur dans la neige

Par la fenêtre de l'autobus, je regarde la neige tomber. Un cycliste circule à travers les flocons.

Le chanceux! Papa, lui, refuse que
je roule dans les rues enneigées.

Le chauffeur dit :

— Terminus ! Nous sommes arrivés à l'école.

Je dessine un cœur dans la buée
sur la vitre. Le chauffeur me
sourit.

Il me demande :

— Tu penses à ton Valentin,
Irène ?

— Non, non. Je m'ennuie de mon
vélo.

Chapitre 4
Un cœur de papier

La classe est décorée de cœurs.
Il y en a au plafond, sur la porte,
sur les fenêtres.

Je songe à mon pauvre petit vélo qui dort dans la remise. Il doit rêver de se dégourdir les roues.

Mon professeur dit :

— Tu es dans la lune, Irène. Penses-tu à ton Valentin ?

— Non, non. Je m'ennuie de mon vélo.

Chapitre 5
Un cœur à cœur

De retour à la maison, je sors les deux cœurs que j'ai bricolés.

— Mon cher papa, ce cœur-là est pour toi.

— Merci, ma petite Irène. As-tu reçu l'autre de ton Valentin ?

— Non, non. C'est un secret.

J'ouvre la porte de la remise.
Il est là, mon beau vélo.

Je dépose mon cœur dans le panier tout froid. Je pose mes mains sur le guidon pour le réchauffer.

Je n'ai pas de Valentin, moi. J'ai un vélo, et c'est lui mon *Vélotin*.

Glossaire

(Se) dégourdir : Se mettre à bouger.

Guidon : La barre de métal avec les poignées. Elle sert à diriger le vélo.

Songeuse : Être perdue dans ses pensées.

À la découverte des jeux

Vivement l'été !

Irène a hâte que l'été revienne pour sortir son vélo. Et toi, as-tu hâte que l'été revienne ? Pourquoi ?

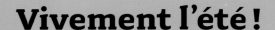

Vive l'amour !

Dessine un cadeau
à offrir au cher
vélo d'Irène pour
la Saint-Valentin.

Découvre d'autres activités au
www.courteechelle.com

Table des matières